¡RESUELVE! MATEMÁTICAS EN EL ESPACIO

MATEMÁTICAS EN JÚPITER

Barbara M. Linde
Traducido por Alberto Jiménez

Gareth Stevens PUBLISHING

Please visit our website, www.garethstevens.com. For a free color catalog of all our high-quality books, call toll free 1-800-542-2595 or fax 1-877-542-2596.

Cataloging-in-Publication Data

Names: Linde, Barbara M., author.
Title: Matemáticas en Júpiter / Barbara M. Linde, translated by Alberto Jiménez.
Description: New York : Gareth Stevens Publishing, [2017] | Series: ¡Resuelve! Matemáticas en el espacio | Includes index.
Identifiers: ISBN 9781482452303 (pbk.) | ISBN 9781482452327 (library bound) | ISBN 9781482452310 (6 pack)
Subjects: LCSH: Jupiter (Planet)–Juvenile literature. | Jupiter (Planet)–Exploration–Juvenile literature.
Classification: LCC QB661 .L584 2017 | DDC 523.45–dc23

First Edition

Published in 2017 by
Gareth Stevens Publishing
111 East 14th Street, Suite 349
New York, NY 10003

Designer: Laura Bowen
Editor: Therese Shea

Photo credits: Cover, p. 1 (Jupiter) ModeList/Shutterstock.com; cover, p. 1 (metal banner) Eky Studio/Shutterstock.com; cover, pp. 1–24 (striped banner) M. Stasy/Shutterstock.com; cover, pp. 1–24 (stars) angelinast/Shutterstock.com; cover, pp. 1–24 (math pattern) Marina Sun/Shutterstock.com; pp. 4–24 (text box) Paper Street Design/Shutterstock.com; pp. 5 (main), 9, 11 (moons), 13 (all), 15, 17 (main), 19 (all), 21 (main) courtesy of NASA.com; p. 5 (inset) MarcelClemens/Shutterstock.com; p. 7 Alhovik/Shutterstock.com; p. 11 (Galileo) Justus Sustermans/Wikimedia Commons; p. 17 (inset) Jcpag2012/Wikimedia Commons; p. 21 (inset) Ely1/Wikimedia Commons.

Printed in the United States of America

CPSIA compliance information: Batch #CS16GS: For further information contact Gareth Stevens, New York, New York at 1-800-542-2595.

CONTENIDO

Misión a Júpiter 4
¿Dónde está Júpiter? 6
Un gigante gaseoso. 8
Galileo estudia Júpiter 10
Los satélites galileanos 12
Los anillos de Júpiter 14
La Gran Mancha Roja 16
Misiones de la NASA a Júpiter. 18
La misión *Juno* de la NASA 20
Glosario 22
Para más información 23
Índice 24

Las palabras del glosario se muestran en **negrita** la primera vez que aparecen en el texto.

MISIÓN A JÚPITER

¿Te gusta contemplar el cielo nocturno? Si es así, lo más probable es que hayas visto Júpiter. Es tan grande y brillante que puede observarse sin la ayuda de un **telescopio**. Los antiguos griegos y romanos también conocían Júpiter; lo llamaron así en honor al rey de sus dioses. Hoy en día todavía usamos el nombre romano, Júpiter.

¿Cómo sabemos cosas acerca de Júpiter? Naves espaciales, no tripuladas, envían **datos** muy importantes. En este libro visitarás el planeta más grande del **sistema solar**. ¡Empieza ahora tu cuenta atrás!

TU MISIÓN

Los científicos que estudian el espacio y los cuerpos celestes usan las matemáticas. Según vayas leyendo este libro tú serás el científico. ¡Prepárate a utilizar tus habilidades matemáticas a medida que completes las **misiones**! Busca las respuestas que aparecen boca abajo para verificar tus cálculos. ¡Buena suerte!

El telescopio espacial Hubble tomó esta imagen de Júpiter.

Telescopio Espacial Hubble

¿DÓNDE ESTÁ JÚPITER?

Júpiter es el quinto planeta distante del Sol, entre Marte y Saturno. Está a unas 483,680,000 millas (778,410,000 km) del Sol. La **órbita** de Júpiter tarda 4,330 días terrestres en completarse, ¡casi 12 años! Júpiter rota, o gira, más rápidamente que cualquier otro planeta. Una rotación completa tarda unas 10 horas.

TU MISIÓN

El tiempo que tarda un planeta en hacer una rotación completa se llama día. Un día en la Tierra dura aproximadamente 24 horas. El de Júpiter solo unas 10 horas. ¿Cuánto más largo es un día terrestre?

24 - 10 = ?

Los planetas, por orden de distancia del Sol, son Mercurio, Venus, la Tierra, Marte, Júpiter, Saturno, Urano y Neptuno.

RESPUESTA: Un día en la Tierra es 14 horas más largo que un día en Júpiter.

UN GIGANTE GASEOSO

Júpiter es un gigante gaseoso porque no tiene una superficie sólida como la Tierra. No podrías caminar por ella ni aterrizar allí con tu nave espacial. La "superficie" de Júpiter consiste en nubes de hidrógeno, helio, amoníaco y otros gases, que constituyen también su venenosa **atmósfera**. El clima oscila entre muy caluroso y muy frío.

TU MISIÓN

Hay 4 planetas terrestres, o rocosos, en nuestro sistema solar: Mercurio, Venus, la Tierra y Marte. También hay 4 gigantes gaseosos: Júpiter, Saturno, Urano y Neptuno. ¿Cuántos planetas tiene en total nuestro sistema solar?

4 + 4 = ?

¡La **presión** de la atmósfera de Júpiter aplastaría una nave espacial!

RESPUESTA: Hay 8 planetas en nuestro sistema solar.

GALILEO ESTUDIA JÚPITER

El italiano Galileo Galilei fue el primero en utilizar un telescopio para observar Júpiter. En 1610 descubrió sus 4 lunas principales. Antes de este descubrimiento, muchos creían que todos los cuerpos celestes giraban en torno a la Tierra, pero Galileo vio cómo las lunas de Júpiter orbitaban el planeta. Su descubrimiento ayudó a demostrar que son los planetas los que giran alrededor del Sol.

TU MISIÓN

Galileo descubrió las 4 lunas más grandes. Se llaman actualmente **satélites** galileanos, pero Júpiter tiene en realidad un total de 67 lunas. ¿Cuántas lunas fueron descubiertas por otros astrónomos?

67 - 4 = ?

Las lunas que Galileo observó se llaman Ío, Europa, Ganímedes y Calisto.

RESPUESTA: Los otros astrónomos descubrieron 63 lunas más.

LOS SATÉLITES GALILEANOS

En este gráfico encontrarás más información sobre los satélites galileanos.

	Ío	Europa	Ganímedes	Calisto
superficie	azufre	hielo de agua	hielo de agua, roca	hielo de agua, roca
núcleo	hierro	hierro	hierro	hielo, roca
diámetro	2,256 millas (3,631 km)	1,945 millas (3,130 km)	3,273 millas (5,267 km)	2,986 millas (4,806 km)
distancia media desde Júpiter	262,200 millas (422,000 km)	417,000 millas (671,000 km)	665,000 millas (1,070,000 km)	1,170,000 millas (1,883,000 km)

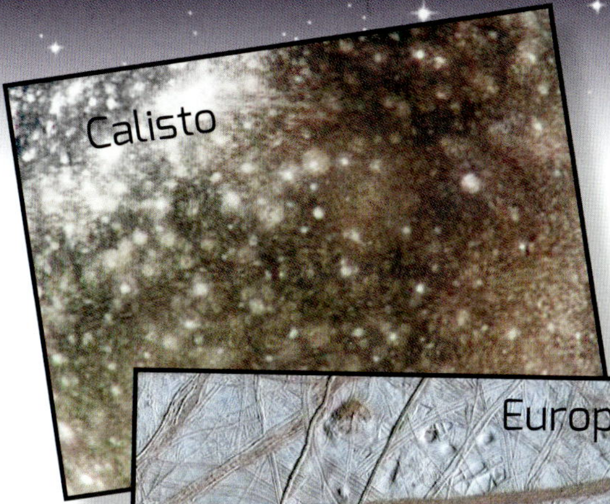
Calisto

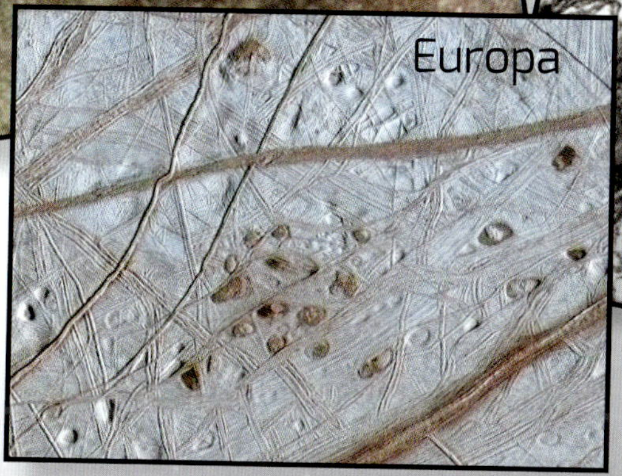
Europa

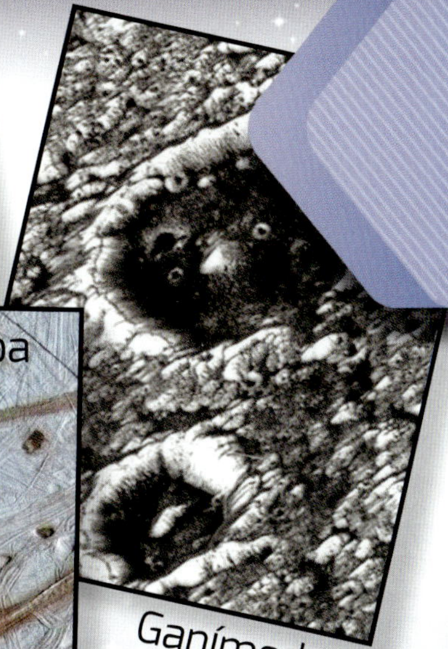
Ganímedes

Ío

Una nave espacial de la NASA (National Aeronautics and Space Administration) tomó estas imágenes de la superficie de los satélites galileanos.

TU MISIÓN

¿Cuántos de los satélites galileanos tienen hielo de agua en su superficie? ¿Cuántos un núcleo, o centro, de hierro? Indica tus respuestas en forma de fracciones. Usa el gráfico para ayudarte.

$$\frac{\text{lunas con hielo de agua}}{\text{lunas}} = \frac{?}{?}$$

$$\frac{\text{lunas con núcleo de hierro}}{\text{lunas}} = \frac{?}{?}$$

RESPUESTA: El hielo de agua se encuentra en la superficie de las 3/4 partes de los satélites galileanos; igual proporción tienen núcleos de hierro.

LOS ANILLOS DE JÚPITER

¡Júpiter tiene anillos! *Voyager 1*, una nave espacial de la NASA, los descubrió en 1979. Cuando los **meteoritos** chocan contra las lunas, crean polvo que entra en órbita y va formando los anillos. El anillo exterior (en realidad son dos, llamados los anillos gossamer) es débil.
El anillo principal es el más brillante; el anillo interior, llamado halo, es grueso.

TU MISIÓN

Los 4 planetas más grandes de nuestro sistema solar tienen sistemas de anillos. Según la NASA, Júpiter tiene 3, Saturno 7, Neptuno 6 y Urano 11. Averigua cuántos anillos hay en total.

3 + 7 + 6 + 11 = ?

Aquí ves un corte de los anillos de Júpiter. ¿Puedes encontrar las pequeñas lunas que ayudaron a crearlos?

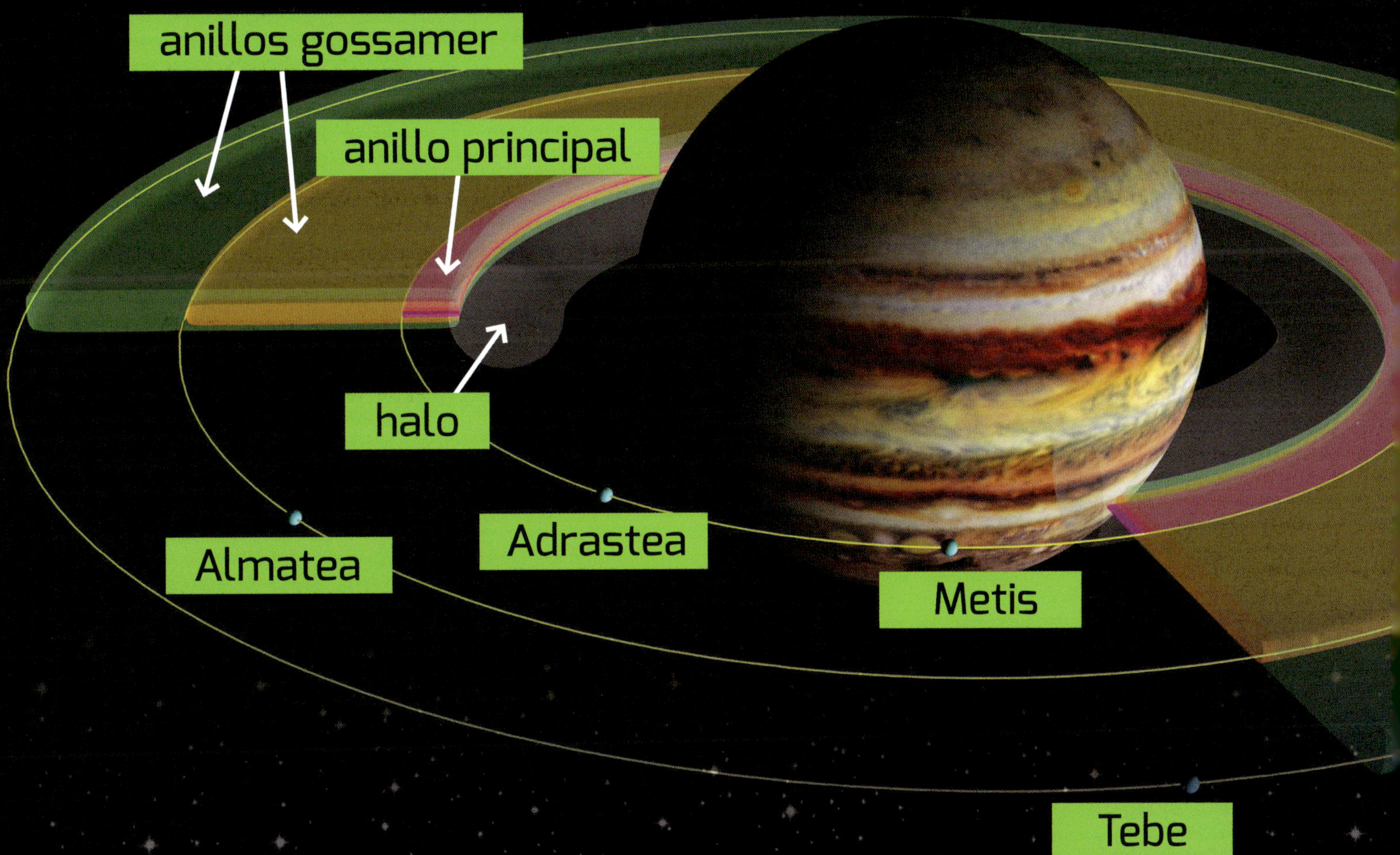

RESPUESTA: Estos planetas tienen 27 anillos en total.

LA GRAN MANCHA ROJA

¿Ves esa enorme zona roja en la foto de Júpiter? Es una tormenta formada por nubes giratorias. Es como un **huracán** en la Tierra, pero mucho más grande. De hecho, esta descomunal tormenta ¡tiene la anchura de dos Tierras! La Gran Mancha Roja, como se la llama, está empequeñeciendo poco a poco. Los científicos no están seguros del motivo.

TU MISIÓN

La Gran Mancha Roja se reduce unas 580 millas por año. ¿Cuántas millas se reducirá en 2 años?

580 x 2 = ?

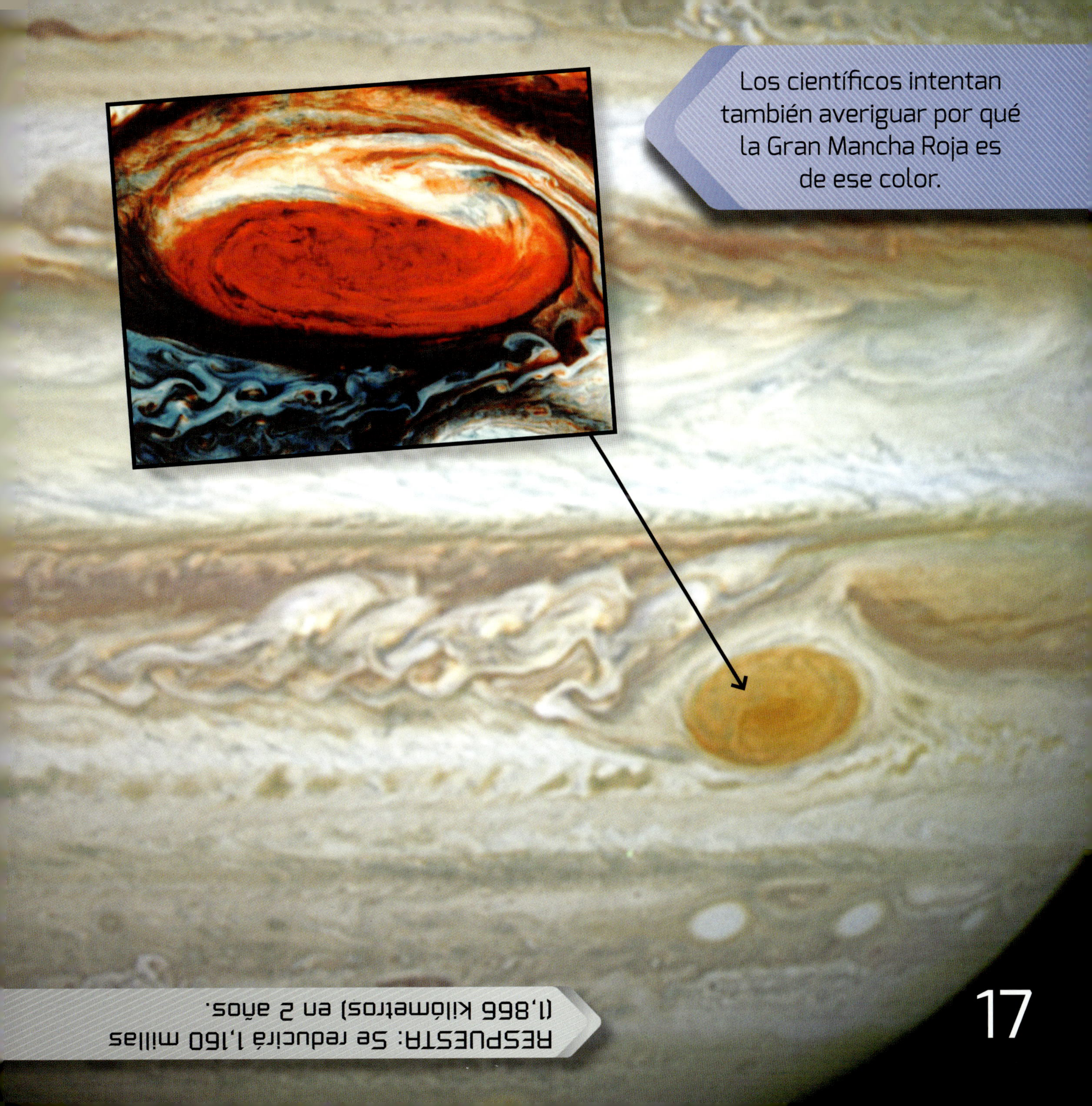

Los científicos intentan también averiguar por qué la Gran Mancha Roja es de ese color.

RESPUESTA: Se reducirá 1,160 millas (1,866 kilómetros) en 2 años.

MISIONES DE LA NASA A JÚPITER

Júpiter está demasiado lejos para enviar misiones tripuladas a explorarlo. Sin embargo, la NASA ha enviado naves espaciales no tripuladas (robóticas) a Júpiter desde 1972. Estas misiones suelen durar muchos años. La línea de tiempo muestra cuándo llegó a Júpiter cada una de las naves y el tipo de datos que recogió.

TU MISIÓN

La nave espacial *Galileo* fue **lanzada** en 1989. Comenzó a recolectar datos 6 años más tarde. Se estrelló contra Júpiter en 2003. ¿Cuánto tiempo recogió datos antes de estrellarse? Utiliza la línea temporal para encontrar la respuesta.

2003 - 1995 = ?

EXPLORACIÓN DE JÚPITER

Pioneer 10
e imágenes recogidas

Pioneer 11

- 1973 *Pioneer 10* recoge imágenes de Júpiter.
- 1974 *Pioneer 11* recoge imágenes de Júpiter y de su Gran Mancha Roja.
- 1979 *Voyager 1* registra imágenes de las lunas de Júpiter.
- 1979 *Voyager 2* registra datos sobre la Gran Mancha Roja y los volcanes de Ío.
- *Ulysses* recoge datos sobre el **campo magnético** de Júpiter.
- 1995 *Galileo* registra datos sobre las lunas, la **atmósfera** y la **temperatura** de Júpiter.
- 2000 *Cassini-Huygens* toma miles de imágenes de Júpiter.
- 2007 *New Horizons* realiza mediciones de las órbitas de las lunas de Júpiter.

Ulysses

Voyager 1

Lanzamiento de *Cassini-Huygens*

Galileo

RESPUESTA: *Galileo* grabó datos durante unos 8 años antes de estrellarse.

LA MISIÓN *JUNO* DE LA NASA

Lanzada en 2011, se espera que la nave espacial *Juno* orbite en torno al polo Norte y al polo Sur de Júpiter más de 30 veces. Se quemará en la atmósfera de Júpiter en el 2018. Con suerte, *Juno* nos ayudará a contestar a unas cuantas preguntas antes de que eso ocurra.

Todavía hay mucho que descubrir sobre Júpiter. ¡Tal vez tu próxima misión te lleve allí!

TU MISIÓN

La nave espacial *Juno* se lanzó en 2011; su trayectoria se corrigió al cabo de un año. Experimentó un incremento de velocidad para dejar atrás la Tierra un año después; se programó para que llegara a Júpiter 3 años más tarde. ¿Cuánto duró aproximadamente el viaje de *Juno* a Júpiter? ¿En qué año llegó?

$1 + 1 + 3 = x$ $2011 + x = ?$

La misión recibió el nombre de *Juno* porque así se llamaba la esposa de Júpiter. ¡La nave espacial lleva figuras Lego de Júpiter, *Juno* y Galileo Galilei!

RESPUESTA: El viaje de *Juno* a Júpiter duró unos 5 años. Llegó en 2016.

GLOSARIO

atmósfera: capa gaseosa que rodea un planeta.

campo magnético: área del espacio sobre la cual actúa una masa magnética.

datos: medidas y magnitudes.

diámetro: distancia que hay de un lado a otro de un objeto circular pasando por el centro.

huracán: poderosa tormenta que se forma sobre el agua y provoca lluvias intensas y fuertes vientos.

lanzar: proyectar con gran fuerza.

meteorito: fragmento de roca espacial que cae a la superficie de una luna o un planeta.

misión: tarea o un trabajo que un grupo debe realizar.

órbita: Trayectoria que sigue un astro en su movimiento de traslación.

presión: fuerza que empuja una cosa sobre otra.

satélite: objeto espacial que orbita en torno a un objeto más grande.

sistema solar: el Sol y todos los cuerpos celestes que orbitan a su alrededor, incluyendo los planetas y sus lunas.

telescopio: herramienta que hace que los objetos lejanos se vean más grandes y más próximos.

temperatura: lo caliente o frío que está algo.

PARA MÁS INFORMACIÓN

Libros

Cunningham, Greg P. *Journey to Jupiter.* New York, NY: PowerKids Press, 2015.

Squire, Ann O. *Planet Jupiter.* New York, NY: Children's Press, 2014.

Taylor-Butler, Christine. *Jupiter.* New York, NY: Children's Press, 2008.

Sitios de Internet

Mission to Jupiter!
spaceplace.nasa.gov/junoquest/en/
Juega a "JunoQuest" en línea.

What Is Jupiter?
www.nasa.gov/audience/forstudents/k-4/stories/nasa-knows/what-is-jupiter-k,html
Mira las imágenes de Júpiter tomadas por las naves espaciales de la NASA para saber más sobre el gigante gaseoso.

Nota del editor a los educadores y padres: nuestro personal especializado ha revisado cuidadosamente estos sitios web para asegurarse de que son apropiados para los estudiantes. Muchos sitios web cambian con frecuencia, por lo que no podemos garantizar que posteriores contenidos que se suban a esas páginas cumplan con nuestros estándares de calidad y valor educativo. Tengan presente que se debe supervisar cuidadosamente a los estudiantes siempre que tengan acceso al Internet.

ÍNDICE

anillos 14, 15
atmósfera 8, 9, 19, 20, 22
campo magnético 19, 22
Cassini-Huygens 19
datos 4, 18, 19, 22
día 6, 7
Galilei, Galileo 10, 11, 21
Galileo (nave espacial) 18, 19
gigante gaseoso 8
Gran Mancha Roja 16, 17, 19
Juno 20, 21
lunas 10, 11, 13, 14, 15, 19
NASA 13, 14, 18, 20
nave espacial 4, 8, 9, 13, 14, 18, 20, 21
New Horizons 19
núcleo 12, 13
Pioneer 10 19
Pioneer 11 19
sistema solar 4, 8, 9, 14, 22
Satélites galileanos 10, 12, 13
superficie 8, 12, 13
telescopio 4, 10, 22
Telescopio Espacial Hubble 5
Ulysses 19
Voyager 1 14, 19
Voyager 2 19